AF231477

RETRAITE

DE

MÉNILMONTANT.

6 JUIN 1832.

PAROLE DU PÈRE.

---

5 juin 1832.

Mes enfans,

Ma vie est une *perpétuelle* COMMUNION, et pourtant je ne suis pas DIEU, je suis HOMME; je souffre donc.

Je ne puis plus être la MÈRE qui berce ses enfans et les endort mollement dans ses caresses, vous êtes HOMMES aussi; et moi je veux être le PÈRE des HOMMES.

Lorsque les fils sont assez forts pour être dignes de la LIBERTÉ, le bon PÈRE en a déjà soif pour lui-même; sans cela il ne saurait couvrir de la robe VIRILE ses enfans.

Vous m'avez rempli d'amour FILIAL, je ne dois pas vous enivrer de l'amour du PÈRE; il y aurait toujours des *faibles* parmi nous, des esclaves et un maître.

Vous ne savez pas encore trouver la force EN VOUS; DIEU n'est pas EN VOS COEURS; c'est à moi de l'y mettre.

Nous nous AIMONS *trop*, vous et moi, moi et vous; nous ne nous RESPECTONS pas assez.

Nous ignorons toute la puissance du recueillement, du silence, de la PRIÈRE : l'ordre et le DEVOIR nous sont inconnus; nous ne savons ni COMMANDER ni TRAVAILLER.

Et nous devons un jour GOUVERNER les TRAVAILLEURS.

Nous allons prendre l'habit des apôtres de l'affranchissement des FEMMES; pour convier la FEMME à des noces nouvelles, L'ÉPOUX n'est pas préparé.

Notre MALE *gravité* ne nous est point venue.

Une PATIENCE INÉBRANLABLE, une *résolution* IMMUABLE et SÉVÈRE ne se lisent pas sur notre visage.

Le peuple pratique la PATIENCE, il est SÉVÈRE dans sa justice, IMMUABLE dans sa volonté de progrès.

Or, nous allons nous montrer au PEUPLE.

Et les FEMMES qui les premières doivent nous aimer ne sont pas celles qui désirent un amour d'un jour : pour celles-là nous avons fait ce que nous devions faire; notre *passé* leur répond qu'elles sont aimées de nous; notre *présent* doit être pour d'autres, car notre *avenir* est pour TOUTES. Les premières nous aiment déjà, mais elles ne marcheront vers nous glorieusement, saintement, qu'à la suite des autres. Notre CÉLIBAT a frayé la route, notre VERTU *courageuse* et *patiente* la fera facile.

Rendons-nous dignes de ces FEMMES et du PEUPLE.

Michel, Barrault, Fournel, je vous recommande *spécia-*

lement à l'affection et au RESPECT de tous mes enfans, car c'est à votre *dévotion* surtout que je les confie.

Quant à ceux qui ne vous aimeraient pas encore assez, que ceux-là se rappellent combien j'ai plus fait pour eux-mêmes jusqu'ici que je n'ai fait pour vous; combien ils ont eu de mon amour, de ma vie, et combien peu je vous en ai donné.

Pour vous, mes amis, rappelez-vous ce que mes enfans aimaient en moi et qui n'était pas en vous, prenez-le, unissez-le à ce que j'aimais en vous, COMMUNIEZ ainsi tous ensemble chaque jour en *mémoire de moi*.

Que tous mes enfans se rangent sous vos *ordres*.

Et moi j'ORDONNE que Lambert et Rigaud se considèrent SEULS ici comme les représentans de mon *indulgence*, et même de ma *faiblesse* passée; afin que l'obéissance de *tous* soit complète, et que Lambert et Rigaud prennent dans cette mission le sentiment de l'énergie *extérieure* qui leur manque et que je leur donne en ce jour.

Mes enfans, je veux durant ces trois jours vous préparer *en moi* à revêtir l'habit d'apôtre.

Déjà nous nous sommes retirés du milieu du monde pour le recevoir bientôt parmi nous, et moi je me retire du milieu de vous pour être digne de vous admettre mercredi dans la vie nouvelle.

Mercredi à deux heures PRÉCISES, *quel que soit le temps*, vous serez réunis en famille sur le gazon, de manière à former le CERCLE DU PÈRE, j'y viendrai.

D'Eichthal et Holstein doivent aujourd'hui venir me rejoindre, et embrasseront pour moi tous mes enfans.

Travaillez, que tout soit prêt pour mon *retour*; et MÉDITEZ sur notre *avenir* : l'HOMME NOUVEAU se forme.

Que DIEU soit EN vous.

Charles! je veux que chacun de mes enfans ait un *son*, un VERBE pour CHANTER *la gloire de Dieu* et sa PROPRE *valeur*.

Talabot! je veux que tous rendent un *culte* à *Dieu*, en *parant* leur personne.

Chants. [1]

(1) Ces chants ont été mis en musique par Félicien DAVID, membre de
la famille ; nous publierons incessamment sa composition.

Avant le Repas.

———

Dieu par nos bras unis
Fertilise le monde ;
Nos travaux sont bénis !
Dieu par les fruits de la terre féconde
Répare notre vigueur.
Gloire à Dieu !
A vous, Père, merci !

Après le Repas.

———

Au travail !
Notre force est réparée ;
Remplis d'une ardeur sacrée
Marchons !
Oui, nous rendrons au monde
Cette vigueur féconde
Qu'il a mise en nos cœurs.
Père,
Nous sommes prêts, marchons !

ÉMILE BARRAULT, apôtre.

Appel.

Peuple, si notre voix réclame,
C'est pour toi, pour ta dignité;
Par nous les vertus de ton âme
Jailliront de l'obscurité.
Femmes, vos larmes sont les nôtres;
Mais espérez un sort plus doux.
Femmes, peuple, aimez les apôtres
D'un Dieu de liberté pour vous.
    Gloire à Dieu, gloire à Dieu!

En disant à l'homme de guerre:
Ton fer il le faut déposer;
A l'avenir tout adversaire
Sera vaincu par un baiser.
C'est pour mon enfant, pour les vôtres,
Pour tous ceux qu'ont frappés ces coups.
Femmes, peuple, etc.

Comme un privilége arbitraire
Nous détruirons l'oisiveté ;
Le travail aura son salaire,
Et les grands la capacité :
Solidaires les uns des autres,
Les hommes se soutiendront tous.
Femmes, peuple, etc.

Au père de pauvre famille
Nos accens s'adressent encor ;
Les charmes de sa jeune fille
Ne seront plus vendus à l'or.
Ces vœux doivent être les vôtres,
Car nous en avons frémi tous.
Femmes, peuple, etc.

BERGIER, ouvrier carrieur.

— — —

Le Retour du Père.

6 juin 1832.

Salut, Père, salut !
Salut et gloire à Dieu !

Le Christ en quittant ses apôtres
Leur dit : Veillez ; ils ont dormi :
Vous nous avez dit : Travaillez ;
Vous voici, l'œuvre est finie.

(12)

Le peuple a faim.

Le peuple est misérable;

Nous avons pris sa douleur sur nos têtes;

Nous serons forts et patients.

Les femmes sont outragées;

Dieu! Dieu!

Que leur messie vienne!

Que leur messie vienne!

Il viendra!

Père, par vous

L'homme nouveau

Paraît en nous.

Nous attendons

L'habit nouveau

Qui dise à tous

Espoir! espoir!

Voici l'apôtre!

Salut, Père, salut!

Salut et gloire à Dieu.

ROUSSEAU.

EVERAT, Imprimeur, rue du Cadran. n. 16.

RETRAITE

DE

MÉNILMONTANT.

[illegible]

[illegible]

[illegible]

RETRAITE

DE

MÉNILMONTANT.

Mercredi 6 juin 1832, la famille Saint-Simonienne, retirée depuis le 23 avril à Ménilmontant, ouvre pour la première fois les portes de sa retraite.

A une heure et demie, elle se réunit en cercle devant la maison. Autour d'elle, à quelques pas de distance, les directeurs des centres de quartier à Paris, et les membres de la famille extérieure, forment un second cercle, sous la conduite de HOART et de BOUFFARD.

Entre les deux cercles sont disposées des places pour les femmes qui ont, pendant quelque temps, appartenu à la hiérarchie.

En dehors du second cercle, se presse un assez grand nombre d'assistans, bourgeois et prolétaires, attirés, presque tous de Paris, quelques-uns des départemens, par la convocation du mois de juin.

Paris, dont on découvre une partie du lieu de la réunion, envoie jusqu'à nous le bruit de la fusillade, et même les cris des combattans.

Le ciel est nuageux; le soleil rayonne, brillant et chaud, dans les intervalles d'une pluie orageuse.

A deux heures, le retour du PÈRE est annoncé : *Bergier* et *Pennekère* le précèdent; MICHEL marche à ses côtés;

d'EICHTALL et HOLSTEIN, qui l'ont accompagné, *Auguste* et
Desloges, le suivent.

Le soleil est dans tout son éclat.

Le PÈRE s'avance, d'un pas lent, la tête nue; une majesté sévère est sur sa face.

A peine il a paru, une partie de la famille l'accueille par le
chant :

> Salut . Père, salut,
> Salut et gloire à Dieu.

Le PÈRE entre dans le cercle de la famille de Ménilmontant, où son cortège prend place : il promène silencieusement
ses regards sur elle. Ses enfans, dont il avait été éloigné pendant trois jours, tressaillent d'une joie vive, grave, exaltée,
profonde : une religieuse émotion se témoigne sur tous les vi-
sages et dans l'attitude de tous.

Le chant terminé, le PÈRE dit :

BARRAULT, que s'est-il passé ici pendant mon absence ?

BARRAULT.—PÈRE, voici devant vous vos enfans que vous
aviez confiés pendant ces trois jours à mes frères MICHEL et
FOURNEL, et à moi; nous voici tous devant vous, et tous,
j'ose le dire, meilleurs, parce que la parole que vous nous
avez laissée en partant a commencé à germer en nous.

Vous nous aviez dit, *travaillez* et *méditez ;* nous avons obéi.

Oui, la gloire de l'ABOLITION DE LA DOMESTICITÉ sera at-
tachée, selon votre volonté, à cette maison, au lieu de votre
naissance, au Béthléem nouveau. Depuis plus d'un mois,
tous les labeurs que le monde impose avec dédain , avec dé-
goût, aux *serviteurs* et aux *prolétaires*, toutes les occupations
qu'il regarde comme pénibles, répugnantes, avilissantes, nous
les accomplissons avec une religieuse ferveur.

Mais nous ne nous étions pas encore pliés à cette conti-
nuité d'efforts réguliers qui composent la journée du PEUPLE :

nous avons commencé à imiter l'exemple que vous nous en aviez donné.

Les travaux du jardin ont été achevés : il n'y reste plus de trace de négligence ou d'abandon. Les terrains incultes ont été défrichés. Parcourez ces allées; elles ont été nettoyées, alignées, ratissées par nous, et couvertes du sable que nous y avons porté nous-mêmes après l'avoir extrait d'une mine creusée par nos bras.

Les réparations de la maison sont terminées; les salles communes, les appartemens, les cours, ont été balayés, lavés, frottés par nous; car il ne s'agissait plus seulement de rendre notre demeure digne de recevoir ceux qui viendraient nous visiter, mais encore de vous y donner à vous-même, à votre retour, le spectacle de la tenue et de l'ordre.

Enfin, chaque matin, chaque soir, la lecture de votre parole a été pour nous un rappel à la *méditation*. La vie de l'un des saints du christianisme, également lue en commun, nous a offert des traits multipliés de cette patience laborieuse et de cette gravité forte que nous avons à transformer en nous pour notre mâle apostolat. La musique a aussi contribué, par un caractère de solennité sévère, à nous inspirer de sérieuses réflexions sur la prise de L'HABIT APOSTOLIQUE que nous devons revêtir aujourd'hui.

PÈRE, nous avons trouvé dans la famille soumission à l'autorité dont vous nous aviez investis : un seul de vos enfans oublia un moment l'obéissance; mais il a racheté sa faute par un repentir plein d'effusion.

Voilà ce qui s'est passé pendant votre absence; voilà comment nous avons obéi à votre volonté; *travaillez* et *méditez*.

Mais, avant de m'arrêter, permettez que, dans la déplorable circonstance où se trouve Paris, j'exprime mon admiration pour cette haute prévoyance qui est en vous, qui nous dirige, et nous tient préparés à tous les événemens du dehors.

(6)

A peine la révolution de juillet avait éclaté, notre voix put s'élever du milieu des barricades, haute et fière, pour *enseigner* à la BOURGEOISIE victorieuse l'avenir de la société, et l'amélioration du sort du *peuple* qui avait combattu. Grâce à l'institution de la hiérarchie que vous aviez fondée parmi nous, nous étions prêts pour user de la victoire au profit de tous.

Mais après que nous avons *exposé* notre foi et développé le *plan* d'une vaste régénération ;

Après que vous avez couronné *l'enseignement* d'un ordre *politique* nouveau par la révélation d'un ordre *moral* nouveau, et adressé à tous un *langage* de paix ;

Par votre ordre, nos livres se ferment, notre plume est abandonnée, notre bouche reste muette, et nos études, nos journaux, nos prédications, sont suspendus. .

« Assez, assez long-temps, dites-vous, nous avons été des *docteurs*; le monde est gros de notre *parole*; retirons-nous. »

Ah! nous avions à nous refaire pour une mission nouvelle! Notre apostolat avait été auprès de la classe privilégiée un apostolat de *doctrine*, de *théorie*, de *parole*; c'est celui du *culte*, du *travail*, de *l'acte* qui doit commencer pour nous auprès des classes laborieuses et deshéritées.

Et déjà nous nous initions aux fatigues, aux travaux, aux privations du PEUPLE; déjà nous pouvons lui tendre une main qui porte les traces de nobles callosités, et qui ne craint pas l'énergique étreinte de sa main laborieuse.

Or voici qu'en ce jour, à cette heure même, on court aux armes, au nom du PEUPLE; d'autres barricades s'élèvent, on combat, et le sang coule encore.

Quelle sera l'issue de ce funeste événement? nous l'ignorons. Mais ce que nous savons, c'est que la nécessité d'améliorer le sort du PEUPLE en ressortira plus évidemment que jamais pour les vainqueurs et pour les vaincus, quels qu'ils soient.

Ce que nous savons , c'est que le PEUPLE , outre les tentatives d'une amélioration *matérielle* dans son sort, devra être satisfait dans ses besoins d'une éducation MORALE , d'un espoir RELIGIEUX , d'une foi PACIFIQUE.

PÈRE , grâce à l'initiation que vous nous avez donnée, nous sommes prêts aujourd'hui pour cette tâche nouvelle, comme nous avions été prêts pour la précédente.

Et comment, à voir ce lien merveilleux des phases de notre développement et des phases du développement de la société, comment ne pas admirer en vous cette profonde sympathie qui vous met en communion avec tous ? Vous pressentez les mouvemens du monde extérieur; les orages d'hommes, dont les signes sont encore inaperçus, pèsent d'avance sur votre poitrine; les événemens qui se préparent sont présens pour vous ; et, grâce à votre signal prophétique, nous marchons à l'avant-garde de l'humanité , en la précédant toujours dans la voie qu'elle cherche et que nous lui faisons plus large.

Qui donc oserait encore répéter contre nous cette sinistre prédiction , que notre foi , après avoir crû et fleuri dans l'atmosphère factice d'une serre chaude, va tomber au rebut des choses les plus méprisables ?

Aujourd'hui que vous nous avez préparés, par la loi du CÉLIBAT , la RETRAITE et les travaux du PROLÉTARIAT , à une mission glorieuse;

Aujourd'hui que, décidés nous-mêmes, non plus à jeter au PEUPLE des proclamations *écrites,* mais à nous lancer au milieu de ses rangs comme des proclamations VIVANTES, nous mettons en nous une PATIENCE INÉBRANLABLE, une RÉSOLUTION IMMUABLE et SÉVÈRE, une MALE *gravité,* afin d'enraciner profondément dans le PEUPLE le rameau initiateur que vous avez reçu de DIEU!

Pour accomplir cette tâche, qui exige de nous un courageux renoncement à tous nos liens avec le monde;

PÈRE, nous demandons de vous, si vous nous en jugez dignes, l'habit apostolique qui achèvera de nous distinguer de la société dont nous portons encore le costume. Déjà les murs de cette maison ont été un premier symbole de notre séparation ; mais ce n'est point assez ; que l'habit attaché à notre corps en soit un signe continuel ; qu'il soit l'étendard toujours présent de la mission que vous tenez de DIEU et que vous nous confiez !

Le PÈRE. — Où est Stéphane Flachat.... ?

BARRAULT. — PÈRE, il s'est retiré.

Le PÈRE. — L'y aviez-vous autorisé ?

BARRAULT. — Oui, PÈRE ; mais en se retirant....

LE PÈRE. — Assez, je te demande seulement si vous l'y avez autorisé.

BARRAULT. — Oui, PÈRE.

Le PÈRE. — Il a bien fait, et vous avez bien fait ; Stéphane reviendra.

Stéphane (dans la foule). — PÈRE, je suis ici.

Le PÈRE. — Stéphane, tu as besoin de recueillement loin de nous, ta vie n'est pas en ce moment ici ; tu reviendras plus tard, je t'attendrai.

(*Le PÈRE l'embrasse ; Stéphane, très-abattu et soutenu par Pereire, laisse tomber sa tête sur la poitrine du PÈRE.*)

Le PÈRE. — Et Cavel ?

RIGAUD. — PÈRE, il est sous ma tutelle ; depuis trois jours Cavel se tient en réclusion dans ma chambre, par l'ordre des directeurs du service.

Le PÈRE. — Tu as dit vrai, RIGAUD, Cavel est sous ta tutelle.

Cavel a écrit lui-même dans le *Globe* : « Rien de ce qui se détruit ne ressuscite du tombeau ; mais là tout se transfigure ; c'est de là que sort dieu celui qui y était entré homme. » Eh bien, pour Cavel, cette maison est en ce moment une tombe ; pour lui elle sera muette de ma parole ; il n'entendra la voix du Père que le jour où toi, RIGAUD, toi son tuteur, tu le jugeras digne de se rapprocher de nous; et je désire que ceux de mes fils qui sont le plus près de moi voient dans la mission que je donne à RIGAUD, et dans la conduite que j'annonce pour moi-même, la double règle de leur propre conduite à l'égard de Cavel.

Le PÈRE. — On se bat au faubourg Saint-Antoine; *Caboche*, es-tu sûr d'avoir toute la *force* qu'il faut, toute la *vertu* nécessaire pour diriger ce centre que je t'ai confié, et te montrer au milieu d'un peuple qui se bat?

Caboche.—Oui, PÈRE.

Le PÈRE. —Je ne le crois pas, et j'aimerais mieux que tu en fisses publiquement l'aveu.

Caboche (après un moment de réflexion) — Il me faudrait un homme avec moi.

Le PÈRE. — Ce n'est pas là ce dont il s'agit. Je te demande encore une fois si tu te crois digne, en ce moment, de représenter dans le faubourg que tu diriges, au milieu d'un peuple armé, la famille pacifique qui annonce ce que nous annonçons.

Caboche (avec hésitation). — Mais... PÈRE, il n'est pas encore temps.

Le PÈRE.—Je ne te demande pas si le faubourg est prêt, mais si tu es prêt.

Caboche.—Pas aujourd'hui, PÈRE.

Le PÈRE. — Tu es suspendu de la fonction : ton père HOART prendra spécialement la direction de ce faubourg.

HOART. — PÈRE, je m'en charge.

Le PÈRE.—Mes enfans, je vous ai écrit, en vous quittant, que je voulais, durant ces trois jours, vous préparer *en moi* à revêtir l'habit d'apôtre; je suis prêt, et j'ai hâte de porter ce costume, signe de paix et d'affranchissement; car le peuple a besoin de le connaître; Paris l'appelle avec sa voix de mort.

(On entend le canon de Saint-Merry et la fusillade.)

Avant de consacrer en moi l'habit que je vais porter et que

je vous ferai porter aussi, j'ai pris ces trois derniers jours pour revoir ma vie passée.

Mon père était loin de moi, je lui ai écrit de revenir.

AGLAÉ, qui est pour moi plutôt une sœur qu'une fille, prend en ce jour mon héritage maternel : mon père viendra près d'elle, et déjà près d'elle se trouve la fille que ma mère avait adoptée, sa nièce.

Pendant ces trois jours j'ai visité une femme qui avait été long-temps près de nous, qui s'était séparée de nous, et qui aujourd'hui est au milieu de nous, CÉCILE FOURNEL.

En elle je ne me suis pas fait *absoudre;* mais j'ai pu lui donner, à elle qui a tant souffert, pour toutes les femmes qui se sont approchées de nous et qui ne sont plus avec nous, ou qui souffrent encore près de nous, *l'explication* des douleurs que j'ai causées dans la marche rapide de notre mâle apostolat.

Je suis aussi allé chez une femme que je n'avais point oubliée, mais dont je m'étais éloigné: voilà son fils! (*Le PÈRE prend dans ses bras un enfant qu'il embrasse, il traverse le cercle et le porte vers* HOLSTEIN, *qui embrasse l'enfant: le PÈRE le caresse encore et le remet à* AGLAÉ.) AGLAÉ le rendra à sa mère. qui est en ce moment chez CÉCILE; l'affection de ces trois femmes rend mon passé léger, j'ai l'âme calme.

Pendant mon absence je me suis occupé avec BOUFFARD et HOART de la division de notre apostolat en deux branches, apostolat *régulier* et apostolat *séculier,* comme le chrétien distinguait son clergé. J'ai chargé BOUFFARD et HOART de suivre tous nos intérêts passés avec le monde que nous quittons. Aujourd'hui même j'ai donné à BOUFFARD le pouvoir de disposer pleinement de ce que, selon la loi du monde, je possède ; je ne veux plus et ne peux plus signer un *acte* en ce monde, et les hommes qui marcheront à côté de moi, portant le même habit que moi, n'en signeront pas davantage: tous nous se -

rons libres des entraves du monde ; nous aurons renoncé à ce que les chrétiens appelaient *Satan* et ses *pompes*, afin d'être mieux préparés à gagner *notre pain de chaque jour* nous-mêmes, afin d'être dignes de recevoir, comme le peuple, le SALAIRE.

Tel sera notre baptême ; et ce baptême, c'est le prolétaire qui le donnera. Préparez-vous.

Hier j'avais fini cette revue de ma vie passée, j'avais mis ordre à mes affaires du monde, lorsque le bruit des armes s'est fait entendre. DIEU a voulu qu'au moment même où je ne pensais qu'à notre vie *privée*, qu'à nos *personnes* et à nos *familles*, au moment où notre vie MORALE m'occupait seule, j'allasse me retremper dans l'émeute pour notre mission POLITIQUE.

Enfans, ma vie ancienne est finie ; avec vous et pour vous DIEU me donne une vie nouvelle ; je vous l'ai dit, l'homme nouveau, l'HOMME se forme ; de ce jour commence pour vous une ère nouvelle, ère de virilité et de prudence, de force et de patience ; j'ai la volonté et nous aurons la puissance de faire aimer et respecter par le monde l'habit nouveau que nous allons prendre ; je puis vous le donner, je vous vois préparés pour le recevoir ; D'EICHTALL, HOLSTEIN, allons aussi nous préparer, *Auguste, Desloges, Broé,* venez aider vos pères.

Le PÈRE et ses cinq enfans se retirent et reviennent peu de temps après.

TALABOT et *Tourneux* ont fait les dispositions nécessaires pour la prise de l'habit apostolique.

Le PÈRE.—Lorsque je vous ai conduits dans cette retraite, je vous ai annoncé qu'ici vous deviez tous vous considérer comme des *frères*, et ne voir de PÈRE qu'en moi. Sans doute, ceux d'entre vous qui ont acquis des droits au respect et à l'affection de tous par leurs services, ne peuvent les perdre ; il y a des frères AÎNÉS et des frères *cadets* : mais j'ai voulu, au moment où nous dépouillons les formes d'un apostolat usé pour en commencer un nouveau, que notre ancienne hiérarchie fût effacée. Désormais ce ne sera plus en vertu d'une *prévision*, d'une *espérance*, mais d'un *acte*, d'un *fait* que vos rangs seront marqués. C'est pourquoi l'habit que je vous donne est le signe de cette égalité que je veux aujourd'hui établir entre vous. Nous paraîtrons ainsi devant le PEUPLE : le PEUPLE vous verra à l'*œuvre*; c'est lui qui vous donnera vos noms et vos grades que confirmera ma sagesse; c'est lui qui de sa main attachera à votre habit les galons que vous aurez gagnés.

Le PÈRE dépose son habit du vieux monde : assisté d'*Auguste*, attaché à son service personnel, il revêt l'habit apostolique.

TALABOT lui présente une ceinture de *velours*; le PÈRE l'essaie et dit : Tu le vois; je t'avais demandé une ceinture de *cuir* comme celles de mes enfans, et j'avais raison; celle-ci ne me va pas.

(*Au moment où le PÈRE achève de s'habiller, un pavillon aux couleurs rouge, blanche et violette horizontalement disposées, est hissé au mât placé sur la terrasse.*)

Le PÈRE demande ensuite à *Auguste* s'il est prêt. (*Il lui fait donner le costume, et lui attache de sa main le premier bouton du gilet.*)

Le PÈRE. — Ce gilet est le symbole de la *fraternité*; on ne peut le revêtir à moins d'être assisté par l'un de ses *frères*. Je sais que les républicains peuvent se plaindre de ce que la liberté est opprimée parmi nous, et que l'homme n'y jouit pas de son indépendance, de sa personnalité : mais si ce gilet a l'inconvénient de rendre un aide indispensable, il a l'avantage de rappeler chaque fois au sentiment de l'association.

Toi, BARRAULT!... Je ne te demande pas si tu es prêt.

(BARRAULT *prend l'habit.*)

Le PÈRE.—Mes enfans, je ne vous embrasse plus; désor-

mais nous avons à nous donner entre nous les signes caracté-
ristiques de la PATERNITE, du PATRONAGE, de la *fraternité*.

Viens, HOLSTEIN.

(*Il reçoit dans la main droite la main droite d'*HOLSTEIN , *et
il lui pose la main gauche sur l'épaule droite*)

— Voilà le signe de la PATERNITÉ.

(*Il présente croisées, la gauche au-dessus de la droite, les mains
à* HOLSTEIN. HOLSTEIN *les saisit de ses mains croisées dans le
même ordre.*)

— Voilà le signe du PATRONAGE.

(*Il unit sa main droite à la main droite d'*HOLSTEIN : *il pose
la main gauche sur l'épaule droite d'*HOLSTEIN , *dont il reçoit la
main gauche sur son épaule droite.*)

— Voilà le signe de la *fraternité*.

MICHEL!...

FOURNEL!...

Et vous, d'EICHTHLL , CHARLES , LAMBERT!..

Vous êtes prêts, je le sais,

Vous , et les membres de l'ancien collége ,

OLIVIER, SIMON, RIGAUD, HOLSTEIN, BRUNEAU, HENRY.

(*Tous prennent l'habit ; cependant la pluie tombe et continue
jusqu'à la fin de la cérémonie.*)

— Et toi, *Petit.*

Petit. — PÈRE, vous m'avez vu faible quelquefois ; aujour-
d'hui, en présence d'un engagement aussi solennel, je me suis
interrogé, et je l'affirme, sans peur de me tromper sur ma
force : je suis prêt. Mais j'ai une mère comme le monde en
compte peu, vous le savez : je crains qu'elle ne soit pas prête
à me voir prendre cet habit. Vous-même vous avez dit que
nous ne devions pas briser violemment nos liens avec le
monde, et jamais un fils n'eut pour sa mère plus de sujets de
tendresse et de reconnaissance. Cependant si vous l'ordon-
donniez, j'obéirais ; mais j'aimerais, pour accomplir avec

une joie entière un acte pareil, que ma mère pût y consentir.

Le PÈRE. — Où est ta mère?

(*Le PÈRE aperçoit madame Petit placée entre les deux cercles, et s'approche d'elle; elle se lève très-émue de la parole de son fils.*)

Le PÈRE. — Tu as raison, *Petit*. Attends le consentement de ta mère; tu l'auras un jour. Je suis content que tu y aies pensé, et je suis fâché que d'autres que toi n'aient pas parlé de leurs liens de famille.

Et toi, *Rogé?*

Rogé. — PÈRE, nouvellement arrivé parmi vos enfans, je ne me sens pas encore la force nécessaire pour prendre l'habit apostolique; j'aurais besoin d'être plus détaché que je ne peux l'être aujourd'hui d'une affection du vieux monde: mais j'espère que je m'en rendrai digne.

Le PÈRE. — Tu fais bien.

Toché déclare qu'il n'est pas prêt; il est pâle et souffrant.

Le PÈRE l'embrasse et l'engage à se retirer.

Franconie a besoin d'attendre.

Bergier, Broé, Desloges, Pennekère, Terson, Ribes, Machereau, Mercier, Rochette, prennent l'habit.

(*Pendant ce temps, la pluie augmente et le tonnerre se fait entendre.*)

Le PÈRE. —Voici le tonnerre.

MICHEL.—PÈRE, il y en a deux. (*Le canon de Paris gronde.*)

Tous les assistans sont émus à la fois du caractère de la cérémonie et des circonstances dans lesquelles elle a lieu.

Le PÈRE. — *Justus.*

Justus. — PÈRE, j'ai souvent hésité, et la famille a pu quelquefois douter de moi; mais j'ai assez de foi pour plier mon indépendance à la règle, et aujourd'hui je puis répondre de moi.

Le PÈRE. — J'y comptais... *David*, tu n'as rien qui te retienne dans le monde?

David. — Non, PÈRE.

Justus et *David* prennent l'habit.

Massol demande du temps.

Le PÈRE. — Et toi, *Pouyat*, es-tu libre? n'as-tu point de liens de famille qui doivent t'empêcher de t'engager avec nous?

Pouyat. — Non, PÈRE.

Le PÈRE. — Tu es ici l'un des plus jeunes; mais ta vie est ici. Ajoute seulement à ta figure plus de gravité; elle sied à l'habit que tu vas prendre.

Raymond Bonheure. — PÈRE, je suis faible; mais vous savez ce qui fait ma faiblesse, c'est la situation de ma femme, aujourd'hui ma sœur, et de nos enfans; car le courage ne me manque point. Aujourd'hui je le sens plus grand que jamais. Dieu vit en tous; Dieu n'abandonnera pas les êtres dont le sort m'inquiète quelquefois. Ma foi en vous, PÈRE, fait ma force.

Le PÈRE. — Qui sens-tu ici pouvoir ajouter à ta force?

Raymond Bonheure. — Mon père TALABOT! quand je regarde sa face, je me sens plus ferme.

Massol. — PÈRE, si j'ai demandé du temps, ce n'est pas que ma foi en vous soit ébranlée; mais mon attachement pour ma famille me retient encore dans le monde, et je ne veux prendre l'habit que lorsque je serai plus libre.

Le PÈRE. — Et toi, *Retouret?*

Retouret. — PÈRE, je vous ai dit un jour que je voyais en vous la majesté d'un empereur, et pas assez pour ma faiblesse la bonté d'un Messie. Vous m'apparaissiez formidable. Aujourd'hui j'ai senti profondément tout ce qu'il y a de tendresse et de douceur en vous: PÈRE, je suis prêt.

Raymond Bonheure et *Retouret* prennent l'habit.

Enfin TALABOT, qui a présidé à la prise du costume, revêt l'habit apostolique, aidé par *Tourneux*, et à son tour il assiste *Tourneux*.

Le PÈRE commande à la famille de rompre le cercle et de prendre les rangs de marche. Pendant que les rangs se forment et qu'on se prépare à la marche, le PÈRE marchant devant la famille dit :

Le jour n'est pas éloigné où nous montrerons notre habit hors de cette maison. Dimanche, nous sortirons.

Lorsque nous sommes venus à cette retraite, nous nous sommes arrêtés, dans notre route, à une tombe, celle de ma mère. Nous avons passé silencieux. Mais là où nous avons été muets, dimanche nous aurons une parole.

Nous irons ensuite sur le chemin de Vincennes, là où, en 1814, j'ai servi ma pièce sous l'uniforme de l'école polytechnique. C'est là que je donne rendez-vous à tous ceux qui nous aiment et veulent nous donner un témoignage de leur amour.

De là nous nous rendrons ensemble à Saint-Mandé. Nous irons visiter le berceau de cet enfant que j'ai mis au monde de mes mains ; j'étais seul auprès de la mère.

Et quand j'aurai fait avec vous cette course qui est une dernière revue de mon passé, nous reviendrons tous ici, afin de nous préparer ensemble à notre avenir.

Marchons !

La famille, ayant le PÈRE à sa tête, se met en marche ; elle entonne le chant : *Peuple, si notre voix réclame*, et consacre le jardin par une procession.

Elle rentre dans la galerie, dont les assistans occupent une partie.

AGLAÉ Saint-Hilaire prend la parole et s'exprime en ces termes d'une voix émue :

— Un homme a fait l'appel aux femmes ; une des premières j'ai répondu. Aujourd'hui par lui l'indépendance des femmes commence ; mais elles ne peuvent se dire vraiment libres.

Cet homme, le voilà ! je n'ai jamais accepté sa paternité et j'ai trouvé dans son appel même la raison de ma résistance. Si j'ai bien compris l'affranchissement des femmes, les titres nouveaux qui constituent la famille nouvelle ne seront donnés par nous à cet homme qu'à une condition de hiérarchie parmi les femmes, lorsque l'une d'elles pourra s'asseoir à ses côtés. Jusque-là, les noms continués de père, de frère et de fils se rattacheront aux anciennes affections, et c'est pourquoi le PÈRE ENFANTIN ayant dit que j'avais été pour lui une SŒUR, qu'il me confiait les jours de son vieux père, je l'appelle encore maintenant mon FRÈRE.

J'accepte l'héritage qu'il m'a transmis; je m'en rendrai digne.

Je vais aussi, avec toutes celles qui voudront se joindre à moi, faire l'appel aux femmes.

Nous unirons nos efforts pour toucher le cœur de la femme, *forte*, *intelligente* et AIMANTE, entre toutes, qui viendra nous nommer chacune suivant notre amour et nos œuvres, et alors nous aurons un *père*, une *mère*, des *frères* et des *fils*. Jusque-là, nous ne pouvons avoir que des sœurs et des filles. Mais à nous seules appartiendra de faire comprendre au monde par nos actes, notre dévouement et nos sacrifices, la grandeur de la religion nouvelle qui vient affranchir les classes pauvres et donner la liberté aux femmes.

(*Le PERE aperçoit parmi les assistans Chéruel qui s'était attaché à Olinde Rodrigues lors de la scission.*)

Le PÈRE.— Chéruel, puisque vous êtes ici, dites, je vous prie, à Olinde Rodrigues que j'ai envoyé ce matin chez lui D'EICHTHAL. Pour répondre à la lettre qu'il m'avait écrite lors de la mort de ma mère, j'avais chargé D'EICHTHAL de l'engager à venir traverser avec moi les boulevards, tels qu'ils sont aujourd'hui, pour m'accompagner ensuite ici. Tous deux nous avions dit qu'au jour de l'émeute nous irions nous montrer au milieu d'elle ; il était absent. J'ai traversé seul les boulevards.

Chéruel déclare accepter la mission de paix que le PERE lui donne pour Olinde Rodrigues.

Alors le PERE ordonne à ses enfans de rompre leurs rangs, et de retourner chacun à son *service*, à son *travail*.

ÉVERAT, Imprimeur , rue du Cadran , nº 16.

RETRAITE DE MÉNILMONTANT.

Cérémonie du Dimanche 1er Juillet ; et récit de ce qui s'est passé les jours suivans.

Ouverture des Travaux du Temple.

A deux heures le pavillon est hissé sur la terrasse.

Un instant après, la famille réunie dans la grande cour, arrive dans le jardin sur le gazon, par l'allée des tilleuls. BARRAULT la conduit. En tête sont les chanteurs rangés par parties. MICHEL et FOURNEL ferment la marche.

La famille occupe alors la partie élevée du gazon qu'un arc de cercle indiqué dans le sol sépare du reste du jardin. En avant est tracée une grande ellipse destinée aux fidèles et qu'il s'agit de disposer en amphithéâtre. Une petite ellipse est tracée dans la grande, tangentiellement à l'arc de cercle. Elle marque l'espace à creuser, afin de former la partie basse du parvis. Les outils de terrassement, bêches et pioches, sont disposés en faisceaux à droite et à gauche. Les brouettes sont rangées en éventail, tout autour de la petite ellipse.

La famille est partagée en deux groupes placés aux deux extrémités de l'arc de cercle. Le chœur est à gauche en regardant la maison. Le reste de la famille se tient à droite. Entre deux se tiennent les trois directeurs du service, BARRAULT, FOURNEL, MICHEL.

Les assistans se tiennent sur la partie intérieure du gazon. Ils sont séparés de la famille par un ruban tendu dans toute la largeur du jardin. Sur la gauche est un groupe considérable d'hommes venus de Paris et qui professent notre foi.

MICHEL invite *Mercier* et *Desloges* à aller se placer chacun à côté d'un des faisceaux d'outils; *Simon* et *Retouret*, aux deux extrémités du grand axe de la petite ellipse.

MICHEL et FOURNEL, précédés de RIGAUD qu'accompagnent *Auguste* et *Pennekère*, vont chercher le PÈRE chez lui.

Le PÈRE arrive presque aussitôt par le haut du gazon. RIGAUD est en tête du cortége. *Auguste* et *Pennekère* marchent devant le PÈRE. FOURNEL et MICHEL le suivent. *Raymond Bonheure*, placé au sommet du gazon, annonce son approche par ces mots: LE PÈRE. Aussitôt la famille entonne le *salut*. Le PÈRE est nu-tête. Ses cheveux noirs, son visage brun... sa démarche imposante attirent les regards de tous. Sur sa poitrine est écrit: *Le Père*.

Le soleil est étincelant.

Salut,

Salut, père, salut!
Salut et gloire à Dieu!

—

Le christ quittant les apôtres
Leur dit : veillez; ils ont dormi.
Vous nous avez dit : travaillez :
Vous voici; l'œuvre commence.

—

Le peuple a faim :
Le peuple est misérable. } *bis.*
Nous avons pris ses douleurs sur nos têtes :
Nous serons forts et patiens.

Les femmes sont outragées   ) *bis.*
Que leur messie vienne!
Il viendra! il viendra!

—

Père, par vous
L'homme nouveau
Paraît en nous.
Nous portons l'habit nouveau
Qui dit à tous espoir, espoir!
Voici l'apôtre.

—

Salut, peuple, salut!
Peuple, salut! espère en Dieu;
Peuple, salut! espère en nous;
Peuple, salut! espère en toi;
Peuple, salut et gloire à Dieu!

Après le chant, le PÈRE ordonne à BARRAULT d'aller vers les hommes venus de Paris. BARRAULT part suivi de *Rogé* et de *Toché*. Il conduit les hommes de Paris près de la famille. Là ils chantent.*

Chant de l'ouverture des travaux du Temple.

LES OUVRIERS.

Père, apôtres!
Vous commencez le nouveau temple,
Voici nos bras.

LA FAMILLE.

Ils sont prêts.

---

* La musique de ce chant est l'œuvre de Félicien David, de même que celle de tous les chants qui suivent

LES OUVRIERS.

Nous voulons travailler pour vous.
Tous vos jours sont pour le peuple,

LA FAMILLE.

Pour le peuple.

LES OUVRIERS.

Nous vous offrons notre dimanche.

LA FAMILLE.

Leur dimanche.

LES OUVRIERS.

Ce jour est à vous, c'est le jour de Dieu.

TOUS.

C'est le jour de Dieu !

LES APÔTRES.

Peuple ! enfans !
Nous commençons le nouveau temple,
Vous êtes prêts ;
Vous voulez travailler pour nous ;
Tous nos jours sont pour le peuple,
Nous acceptons votre dimanche,
C'est le jour du peuple,
C'est le jour de Dieu.

TOUS.

C'est le jour du peuple !
C'est le jour de Dieu !

Barrault conduit ensuite les hommes de Paris dans l'enceinte réservée à la famille. Ils se placent entre le groupe de droite et le groupe de gauche, et forment ainsi avec la famille un demi-cercle continu qui présente sa concavité à la foule des assistans.

Barrault s'avance vers les assistans et il parle. Pendant qu'il dit, *David*, placé à côté, exécute, à des instans déterminés, des accords ou des accompagnemens sur un forté-piano.

Paroles de Barrault.

———

Un prélude précède 1re strophe;

> Entre mille autres bruits d'une société vieillie et bavardante,
>
>> On dit que le monde
>> Quelquefois demande
>> Où sont les Saint-Simoniens?
>> Morts? partis? le sait-on? d'ailleurs
>> Qu'importe....

continue après elle,

> Et ces bruits vont soudain se perdant sans réponse
>> Entre mille autres bruits.

se termine par un triple accord.

>> Je répondrai.
>> Voici le jour.
>> Je parlerai!

Nos amis, LES BOURGEOIS, nous avaient dit : courage!
Le monde est troublé, las, triste, et ne sait que faire;
Vous seuls avez un plan; à vous seuls le succès!
Au bout de votre route est un but glorieux :
Déjà des courtisans flairent vos espérances;
Bientôt les gens de cœur seront sous vos drapeaux.
Votre triomphe est prêt! courage! encore un pas...

Chant de triomphe.

Reprise
des dernières mesures
du chant de triomphe ;

Accompagnement avec
sourdine.

Sourds à leur promesse,
Hors de cette route
Glorieuse et sûre,
Nous tournons à gauche.
Et laissons à droite
Nos amis qui grondent.
S'étonnent, se taisent,
Jetant la couronne
Qu'ils tressaient d'avance ;
Et dans la retraite
Nous oubliant vite,
Ainsi qu'on oublie
Les morts dans leur tombe.

Une note.

SEULS.

Nous sommes demeurés, ouvrant en vain la porte ;
Nul d'entre eux ne répond aux voix qui les invitent.

Une note.

NUL.

Accord glori-
ficateur.

GLOIRE A DIEU !
Il a montré notre chemin
A ceux qui ne le savaient pas :
S'il s'écarte d'anciens amis,
Il nous en conduit de nouveaux.

Même accord.

Les *bourgeois* cherchaient nos salons :
Le PEUPLE nous cherche au désert.
Les *bourgeois* nous croyaient perdus ;
Le PEUPLE nous a retrouvés.

Même accord.

Les *bourgeois* vantaient notre esprit :
Le PEUPLE aimera notre cœur.
Les *bourgeois* lisaient nos journaux.
Le PEUPLE répète nos chants.

Même accord.

GLOIRE A DIEU !!

C'est que le PEUPLE enfin commence à nous connaître.
Pour lui nous avions fait livres, journaux, discours ;
Mais nous voulons par lui nous laisser voir nous-mêmes,
Et par lui nous laisser toucher nous mêmes, NOUS!

Accompa-
gnement
plaintif.

S'il regarde le ciel, le PEUPLE le croit vide;
S'il regarde la terre, il fléchit sous son poids.
              Sait-il d'où viendra le souffle
              Qui relèvera son front?

Ah! l'espoir est en nous! nous saurons le lui rendre!

Accompa-
gnement
ferme.

Le PEUPLE cependant, solide sur sa base,
Est ferme et patient; mais l'ardeur est en nous!
              Pour forger le nouveau monde
              Dieu mariera nos efforts;

L'apôtre est le marteau, mais le peuple est l'enclume!

Et qu'on ne cherche plus ce que nous avons fait!
Nous avons préparé cet accord qui commence.
Ce que nous avons fait, n'est-ce rien à vos yeux?
Nous avons fait nos *mains* et nos COEURS pour le PEUPLE!
Nous avons aboli la domesticité;
Et nous ne sommes plus ni *maîtres*, ni *valets*,
Ni *peuple*, ni *bourgeois*; mais les HOMMES NOUVEAUX,
LES FILS DU NOUVEAU CHRIST, LES APÔTRES DE DIEU.

(*Chant grave dans l'intervalle*).

              Pourquoi répéter encore
              Que nous perdons la mémoire,
              D'une mission divine?
Ah! nous n'oublions rien et nous nous tenons prêts!
Pourrions-nous oublier? PARIS, PARIS EST LÀ!

Succession

de

modulations

brillantes

et

sombres.

Dès que le soleil rayonne,
Paris avec ses toits, ses coupoles, ses tours,
Ses façades, ses arcs, ses flèches, ses vitraux,
S'éveille, s'anime, et darde
En mille jets lumineux
Tous les feux dont il se dore.

Mais quand, par un jour splendide,
Paris s'est pavoisé de lueurs qui flamboient,
Souvent une moitié s'illumine, et tout noir,
Le reste, tristement, dit
Que dans les mèmes murs sont la fête et le deuil
Comme la lumière et l'ombre.

Acconpa-
gnement
doux
et
harpé.

La nuit, lorsqu'un ciel pur berce des feux tranquilles,
Paris, à nos yeux, semble étinceler d'étoiles.
On dirait que le ciel, pour éclairer la ville,
Lui prète la moitié de ses flambeaux paisibles,
Et ce spectacle est doux à l'œil qui le contemple.

Accords roulans
et prolongés.

Tout se tait ; le repos gagne au loin et s'étend ;
Paris semble un géant qui murmure et s'endort.
Muets, nous écoutons, et, muets, nous pleurons.
Car dans sa grande voix qui monte jusqu'à nous,
Confuse, mugissante, immense, monotone ;

Mèmes accords.

Jusqu'à nous, chaque fois, nous entendons monter

Les cris des misérables,
Les plaintes des souffrans,
Les tristesses des mères,
Les navremens des filles,
Les pleurs des vieux parens,
Les sanglots des enfans,
Les râles des mourans,

Mèmes accords.

Comme un flot triste et lent d'un océan de maux
Qui vient battre le bord, gronde et le bat toujours

Enfin dans la journée auguste, grande, sainte,
Où le PÈRE et ses fils prirent l'habit d'apôtre,
Paris en feu
Courait aux armes,
Sonnait ses cloches,
Battait ses caisses,
Les mains au sang :

Accords.

DIEU consacra l'habit des apôtres nouveaux,
Habit de paix et de courage,
Habit de force et de douceur,
Habit d'espoir et de misère,
Habit de joie et de danger.
Habit de travail et de fête,

Chant
solennel.

Par la voix du tonnerre et la voix du canon
Que firent résonner ensemble
L'orage de Paris et l'orage du ciel.

Pourquoi répéter encore
Que nous perdons la mémoire
D'une mission divine?
Ah! nous n'oublions rien, et nous nous tenons prêts !
Pourrions-nous oublier? PARIS, PARIS EST LA !

(*Air animé dans l'intervalle.*)

Mais au sein de la retraite
Nous essayons des chants qui remueront les cœurs ;
Notre culte commence avec simplicité.

C'est par le bras
D'ouvriers sans salaire,
De travailleurs
Nous donnant leur dimanche,
De journaliers
Voulant une corvée,
D'un peuple bon
OFFRANT A DIEU SON ŒUVRE.

Accord.

C'est par nos mains
Qui maniaient la plume
Loin du soleil,
Et restaient toujours blanches
Sans remuer
Pics, hoyaux, pelles, bêches
Qu'en ce moment
POUR LES FÊTES DU PEUPLE.

Accord.

Accompa-
gnement
léger. } Nous bâtissons
De gazon et de terre
Les fondemens
De notre nouveau temple.

Accords larges.

Un jour sur ce même terrain,
La pierre, aux chants d'un peuple entier,
Descendra dans le sol en base,
Montera jusqu'au ciel en dôme;
Et les laves d'airain et d'or
Qui ruissellent de la fournaise
Iront durcir entre les flancs
D'un vaste et sublime édifice.

La vieille Babel d'Orient,
Et les pyramides d'Égypte,
Et le temple de Salomon,
Et les églises de nos pères,
Tous, près de ce temple colosse
Apparaîtraient comme des nains,
Et près de lui, si magnifique,
Auraient l'air de mendians nus.

Des chœurs de musique et de danse.
Des décors en panoramas,
En feront un vaste théâtre
Ouvert *gratis* aux travailleurs.
Près de ce théâtre sacré,
On dirait. de l'opéra même
Avec ses brillans oripeaux,
Un vieil histrion en guenilles!

Pour voir tant de magnificence,
Des bouts du monde associé
Force pélerins accourront
Et se donneront rendez-vous
Près de l'immortel monument
Que le globe autour du soleil
Jusqu'à la fin emportera
Debout sur ce même terrain !

Ah! bâtissons
De gazon et de terre,
Les fondemens
De notre nouveau temple.

Accompagnement léger.

Terre ou granit, gazon ou marbre
Ce que bâtit le peuple est fort :
Ce que bâtit l'apôtre dure :
C'est Dieu qui bâtit par leurs mains.
Que leur ouvrage d'un jour passe.
Le peuple et l'apôtre, en s'aimant,
Sont les vrais fondemens du temple,
Du temple qui ne passe point.

Accompagnement grave et majestueux.

La parole de BARRAULT a été écoutée avec recueillement. Ce mélange de la parole et d'une musique religieuse a beaucoup frappé l'auditoire.

Après la parole de BARRAULT, la famille a fait entendre le chant suivant :

Au Travail !

Le soleil
Nous sourit,
Et le peuple
Est avec nous :
Dieu bénit
Nos travaux.

Que l'on sache
En tous lieux
Qu'ici s'élève
Un autel
A la paix
Universelle.

Au travail !
Le soleil
Nous sourit,
Et le peuple
Est avec nous,
Commençons
Le nouveau temple.

Au travail !

A ce mot *au travail*, tous les travailleurs quittent leurs habits ; LAMBERT, *Rochette* et *Franconie* les recueillent et les rangent vers le haut du gazon.

HOART, ancien élève de l'école polytechnique, ex-capitaine d'artillerie, directeur des travaux, fait l'appel des travailleurs un à un et les arme. Ils vont se ranger suivant l'arc de cercle qui limite l'enceinte de la famille. HOART est assisté de *Tour-neux* et *Bertrand.* Les pelleteurs debout, la bêche à la main, forment la première ligne. Derrière eux sont les brouetteurs : les remblayeurs se tiennent sur deux rangs, à trois pas en arrière. La réserve est en arrière, à dix pas des brouetteurs.

Chaque groupe actif est composé d'un nombre égal de membres de la famille et d'hommes de Paris.

Les groupes qui vont ouvrir le travail sont composés comme il suit (1) :

Pelleteurs.	Brouetteurs.	Remblayeurs.
DUVEYRIER,	RIBES,	D'EICHTHAL,
TALABOT,	AUGUSTE,	DESESSARTS,
RIGAUD.	RETOURET,	MACHEREAU,
HOLSTEIN,	BROÉ.	DESLOGES.
OLLIVIER,	TERSON,	—
ROUSSEAU,	MASSOL,	
MERCIER,	PENNEKÈRE,	LAMY.
DUGUET.	JUSTUS.	REYNAUD,
—		POUPINEL.
		QUESNEL.
GRIFFON.	GALLÉ.	
MARTIN,	L'HOUMEAUX,	
LOROT,	PARESTE,	
LENOIR,	URBAIN,	
POUGET,	CAYOL,	
SURBLED,	DOYEN,	
MAILLARD,	BRUNET,	
CARRÉ.	BARET.	

A la réserve, sont placés LAMBERT, *Pellarin, Rochette.* *Franconie*, Voilquin, Bergier, Bazin, Reboul , Granger. Graugnard, Béranger, (2) etc.

HOART distribue les pelleteurs sur la petite ellipse où les

---

(1) Dans chacune des trois listes qui suivent, la première moitié appartient à la famille. L'autre moitié se compose d'hommes de Paris.

(2) Les noms inscrits ici en caractère ordinaire sont ceux des hommes de Paris.

divisions sont indiquées par des piquets. Les brouetteurs se placent vis-à-vis des pelleteurs, chacun à sa brouette.

Tous étant ainsi à leur poste, entonnent le couplet suivant.

===

Les Apôtres au Travail.

Air : de l'*Appel.*

Quand notre père nous appelle,
Et nous crie : « enfans, travaillons ! »
Prenons la brouette et la pelle,
Serrons nos rangs, et commençons !
En nos chants que la gaîté brille
Nous travaillons en nous donnant la main (1).
L'humanité sera notre famille,
Et l'univers notre jardin !
GLOIRE A DIEU !

Les pelleteurs remplissent les brouettes; les brouetteurs partent en file, précédés par les remblayeurs qui marchent deux à deux et suivis de quatre remblayeurs supplémentaires pris à la réserve *Tourneux* les précède. *Bertrand* ferme la marche. Arrivés à la mine où ils doivent laisser les déblais, ils chantent en chœur :

Allons, bourgeois et prolétaires,
Le travail nous a faits égaux,
Ensemble remuant la terre
Montrons à tous l'homme nouveau !
Notre temple au toit de charmille
Doit recevoir un jour le genre humain
L'humanité sera notre famille
Et l'univers notre jardin !
GLOIRE A DIEU !

---

(1) Chaque pelleteur prend la main du brouetteur qui lui est adjoint.

Le travail continue ensuite jusqu'à cinq heures. Les brouetteurs viennent quatre par quatre se faire charger; ils vont aux déblais par l'allée de gauche et reviennent par l'allée de droite, faisant ainsi le tour de la partie haute du gazon. TALABOT commande la réserve. BRUNEAU veille à ce que l'ordre soit observé aux portes et le long du ruban qui sépare la famille des assistans. Le temps est superbe; le soleil est brûlant; une foule considérable emplit le jardin et regarde avec un étonnement mêlé de respect ces jeunes hommes se livrant, tête nue, par un soleil ardent, à un rude travail, et se préparant ainsi par la fatigue à la vie d'apôtres. Le Père préside au travail pendant près d'une heure. Puis il rentre chez lui et se promène sur la terrasse, accompagné d'*Auguste* et de RIGAUD.

A quatre heures et demie SIMON, *Rochette*, *Petit*, *Toché*, *Pellarin*, dressent une longue table au bas de l'arc de cercle contre la petite ellipse. Ils y placent le dîner des travailleurs, le pain coupé dans des corbeilles et un rôti qu'ils distribuent en tranches; la salade emplit de grandes terrines. Huit cruches contiennent une boisson faite de vin, d'eau-de-vie et de beaucoup d'eau.

A cinq heures, le cor annonce le dîner; les travailleurs disposent les outils en faisceaux, rangent les brouettes autour de l'ellipse, et prennent place sur le gazon. Ils s'asseyent au nombre de soixante-douze. Ils forment un long cordon disposé en courbe moulante le long des bords du gazon. Le service est fait par LAMBERT, SIMON, *Rochette*, *Petit*, *Toché*, *Pellarin*, *Massol*, *Pouyat*. Avant de dîner, tous debout chantent en chœur la prière d'*avant le repas* :

Dieu par nos bras unis
Fertilise le monde,
Nos travaux sont bénis.
Dieu par les fruits de la terre féconde
Répare notre vigueur;
GLOIRE A DIEU : A VOUS, PÈRE, MERCI'

En disant ces mots : *à vous, Père, merci,* tous se tournent spontanément vers le PÈRE qui est sur la terrasse.

Pendant le dîner le Père arrive, tous se lèvent à son approche; il les invite à s'asseoir. La foule qui emplit le jardin s'élève, en cet instant, à près de deux mille personnes, hommes, femmes et enfans. Elle regarde silencieuse et attentive. Une joie calme règne parmi les travailleurs.

Le repas se termine par le chant d'*après le repas.*

> Au travail! notre force est réparée
> Remplis d'une ardeur sacrée ,
> Marchons! marchons !
> Nous rendrons au monde
> Cette vigueur féconde
> Qu'il a mise en nos cœurs.
> Père, nous sommes prêts, marchons !

Ils se mettent au travail.

A sept heures et demie le travail cesse. Les travailleurs se rendent dans le bosquet au pied du kiosque, et chantent ensemble l'*Appel.*

Ils se dispersent ensuite et se mêlent à la foule.

A huit heures, le cor annonce la retraite. La foule s'écoule paisiblement. Elle paraît frappée du caractère de la cérémonie. Le maintien grave et assuré des membres de la famille qui, presque tous, sont de jeunes hommes; ce *culte* qui consacre le travail du prolétaire; ce simple costume et ces chants par lesquels nous préludons à l'art nouveau, à l'art pacificateur, à l'art qui sera, en la main de notre PÈRE, ce que fut le glaive dans celle de Mahomet; tout cela semblait avoir laissé une trace profonde dans la mémoire et dans le cœur des hommes et des femmes qui nous avaient vus. Le nombre

des personnes qui nous ont visités en ce jour s'est élevé jusqu'à près de cinq mille.

Le même jour où ces choses se passaient, à trois heures,
M. Maigret, commissaire de police, muni d'une ordonnance
de M. Rigal, juge d'instruction, et d'un ordre du préfet
de police, s'est présenté accompagné d'un maréchal-des-logis
de gendarmerie, à l'effet de dissoudre la réunion et même la
famille.

Arrivé devant le PÈRE, il lui a notifié l'ordre dont il
était porteur.

Le Père a dit : « Je désire que M. le commissaire veuille
» bien s'entendre avec MICHEL CHEVALIER, chargé spéciale-
» ment des affaires d'ordre de la maison. » Et il est rentré
dans son appartement.

Alors a eu lieu entre M. le commissaire et MICHEL CHE-
VALIER la conversation suivante.

D. Quel est votre nom, votre âge, votre profession, etc.?

R. Michel Chevalier, âgé de 26 ans et demie, *apôtre*, ancien élève de l'École Polytechnique, ex-ingénieur au corps
royal des mines, ex-directeur du *Globe*, natif de Limoges
(Haute-Vienne), domicilié à Ménilmontant, n. 69.

D. Quelles sont les observations que vous êtes chargé de
me faire par M. Enfantin.

R. Nous sommes ici quarante apôtres que notre Père a
appelés à venir dans la retraite, et qui avons répondu aussitôt
à son appel. Nous habitons cette maison. Pendant que la
société qui nous entoure est livrée aux dissensions et à l'anarchie, nous vivons pacifiquement dans notre retraite, nous
livrant au travail et à la méditation, et préparant le culte qui

doit convertir à notre foi les femmes et le peuple. Aujourd'hui, au milieu des chants de la famille, aidés d'hommes et de femmes qui nous aiment, nous avons commencé des travaux qui marqueront la place de notre premier temple ; la foule que vous voyez représente fidèlement le nombre des personnes qui nous visitent tous les dimanches, qui tous les dimanches viennent écouter nos chants et assister avec respect à notre simple repas.

En vérité, nous ignorons ce que peut nous vouloir le gouvernement qui vous envoie : nous sommes calmes et paisibles, nos sentimens pacifiques sont nos seules armes, et en nos mains ces armes sont efficaces ; jugez-en par vous-mêmes : avant d'être convertis à la foi nouvelle, beaucoup d'entre nous, le plus grand nombre, étaient de cœur avec cette ardente jeunesse qui ces derniers jours s'est levée dans Paris avec une énergique haine. Aujourd'hui nul d'entre nous ne croit à la puissance de la haine. C'est parce que notre PÈRE nous a ainsi donné une autre vie, que nous l'appelons notre PÈRE ; c'est parce que la transformation est complète, que toutes les mesures prises par le gouvernement contre nous nous trouveront toujours calmes, et que, pour toute réponse à ses vexations, il ne tirera de nous que des conseils propres à le dégager de sa situation difficile vis-à-vis des partis, ainsi que nous l'avons déjà fait en plusieurs circonstances.

Au surplus, ce que nous faisons ici est légitime, car chacun a le droit de professer et de propager sa foi lorsqu'il n'en résulte aucun dommage pour la sécurité publique. Or tout atteste que l'ordre le plus grand règne ici dans toutes les cérémonies de notre culte ; que tous nos actes tendent à inspirer à ceux qui nous approchent les sentimens d'ordre et de paix qui doivent être la sauvegarde de la société actuelle, et que le sentiment dominant parmi les assistans est un sentiment d'étonnement et d'édification qu'inspirent naturellement de jeunes hommes ayant tous quitté une fortune assez considérable ou une position sociale élevée pour se consacrer à travers la misère et le célibat, à travers des chances de toute nature, à l'amélioration sociale.

Après tout, les membres de la famille ont leur domicile dans cette maison, et dès lors toutes les dispositions des lois françaises, y compris l'art. 291 du Code pénal, les garantissent contre l'ordonnance de M. le juge d'instruction, qui leur enjoint de se dissoudre. Je le répète, quelques mesures que prenne l'autorité à notre égard, elle nous trouvera toujours calmes ; mais dans l'intérêt de l'ordre, et vu le nombre assez considérable de personnes qui se trouvent maintenant dans le jardin, et qui dans deux heures d'ici en seront sorties naturellement et sans le moindre scandale, je vous prie M. le commissaire de surseoir jusqu'à demain à l'exécution des ordres que vous avez reçus : c'est notre PÈRE et nous que ces ordres concernent; demain vous nous trouverez aussi bien qu'aujourd'hui, et vous nous trouverez seuls.

Après cette réponse de MICHEL le commissaire s'est retiré.

La semaine se passa ainsi. La famille travaillait avec activité au temple. Cependant il était probable que, pour le dimanche 8 juillet, de nouvelles démonstrations auraient lieu de la part de l'autorité; c'est pourquoi le PÈRE jugea convenable que MICHEL fît une démarche près du procureur du roi. En conséquence, MICHEL adressa à ce magistrat la lettre suivante :

Ménilmontant, le 7 juillet 1832.

A M. le procureur du roi près le tribunal de la Seine.

» Monsieur,

» Il y a six mois, une instruction a été commencée contre

notre PÈRE et contre nous. Depuis six mois, vous nous tenez sous le poids d'une quadruple accusation d'immoralité, d'escroquerie, d'attentat à la propriété en général, de provocation au renversement du gouvernement du roi. Dans une société bien organisée, c'est-à-dire où les chefs seraient les plus moraux, les plus savans, les plus habiles, une seule de ces quatre accusations serait un coup de foudre. En France, depuis long-temps, il n'en est plus de même, parce que depuis long-temps la moralité des gouvernans, leur intelligence et leur habilité y sont, à tort ou à raison, tombées en discrédit ; aux yeux même des petits enfans, le blâme et l'éloge des gouvernans passe pour fausse monnaie et n'ont plus cours. C'est un fait affligeant ; car une société gouvernée par des hommes qu'elle n'aime ni ne respecte est une société sans régulateur ; c'est l'anarchie. Mais c'est un fait, et pour qu'il change il y a bien des conditions à remplir de la part des gouvernans et de la part des gouvernés.

» Si donc, dans les circonstances où est placé le gouvernement, les préventions par lui dirigées contre nous sont peu de nature à nous nuire dans l'esprit des peuples, elles ont un autre inconvénient grave, tenant à ce que tout homme sur qui pèse une *prévention* quelconque est, par rapport aux agens de l'autorité, dans la position d'un ilote. C'est ainsi qu'il vous a paru tout simple d'expédier, mercredi dernier, dans la maison de notre PÈRE, que nous habitons au nombre de quarante, un commissaire de police, qui, disposant du logis, a chassé du jardin douze à quinze personnes qui s'y promenaient ; qui, en se retirant, a laissé chez nous un espion de basse police, que nous avons dû éconduire ; qui a posté à notre porte une brigade de gendarmerie, avec ordre de ne laisser entrer personne, c'est-à-dire qui nous a emprisonnés chez nous, et qui nous réserve ce procédé pour tous les mercredis et dimanches.

» Voilà, monsieur, comment, par suite de la position de

prévention où vous nous tenez depuis six mois, vous avez été conduit à violer envers nous le droit commun, à faire de la propriété de notre PÈRE une sorte de fief banal à l'usage de tous les agens de l'autorité judiciaire. Or remarquez que c'est vous qui nous poursuivez à raison de provocation au bouleversement de la propriété.

» Et cependant, il y a près de trois mois que l'instruction du procès, entamé le 22 janvier, est arrêtée. Comment voulez-vous qu'en ce siècle, où tout est méfiance vis-à-vis du pouvoir, on ne croie pas que votre procédure, datant du 22 janvier, est une ingénieuse fiction au moyen de laquelle l'autorité veut nous tenir indéfiniment bâillonnés, sans courir les chances d'un débat public?

» Vous voulez empêcher notre PÈRE de se livrer avec ses fils, dans son propre jardin, à des travaux de fondation, d'entrecouper ces exercices par des chants, et d'ouvrir pendant ce temps les portes de son jardin : c'est une prétention sans exemple. Sans doute ces travaux, mêlés de chants, sont pour nous d'une importance capitale, car ils constituent notre *culte*, notre prédication ; mais pour vous, agent d'une loi *athée*, pour vous qui nous déniez le caractère religieux, ce ne peut être rien de plus que les travaux que Louis-Philippe, par exemple, faisait exécuter dans son jardin, il y a trois ans. Or, si cédant à son goût pour l'architecture (goût très-légitime et très-opportun, aujourd'hui que d'immenses travaux publics sont à établir en France), si, dis-je, Louis-Philippe fût venu alors avec sa famille se mêler aux travailleurs en présence de la foule, aux accords d'une pompeuse musique, et qu'aussitôt MM. Mangin et Billot lui eussent fait défense de travailler et de faire travailler ses fils aux yeux de tous, comment qualifierez-vous maintenant cette prétention des fonctionnaires de Charles X ?

» Il est de votre intérêt, monsieur, de prendre franchement un parti. Ou vous vous sentez puissance de nous convaincre d'escroquerie, d'immoralité, etc..... et alors, armez-vous de votre sévérité solennelle et traduisez-nous vite en cour d'assises; ou les documens que vous recueillez depuis six mois vous ont démontré l'impossibilité de soutenir sérieusement la *prévention* que vous avez soulevée, et alors laissez-nous pratiquer en paix notre *foi*. Le pouvoir n'a rien à gagner à troubler sans cesse les méditations et les travaux d'hommes calmes et patiens dont la résolution est bien prise. Un gouvernement qui veut l'ordre ne peut que se compromettre à harceler perpétuellement ceux qui prêchent l'ordre et la paix, qui ne connaissent d'autres armes que la persuasion, la démonstration et l'exemple, qui recommandent le travail et le consacrent par leur *culte*.

» Puisque vous avez entamé une procédure, hâtez le jugement. Nous, qui avons la prétention de juger tous, nous ne trouverons pas mauvais qu'on veuille nous juger. Mais évitez de compliquer une ancienne affaire par de nouveaux incidens. L'ouverture de notre porte, le dimanche et le mercredi, de midi à huit heures, n'a aucun inconvénient pour l'ordre; nous continuerons donc à l'ouvrir aux mêmes jours et aux mêmes heures, en attendant qu'elle soit toujours ouverte. Demandez-vous, monsieur, à quoi servirait d'effrayer les promeneurs qui tous les dimanches affluent à Ménilmontant, par l'inutile développement d'un appareil militaire.

Signé « MICHEL CHEVALIER. »

Cependant le dimanche, 8 juillet, au moment où la famille, rangée en ordre dans la grande cour, se disposait à se livrer, avec l'aide des hommes de Paris, aux mêmes travaux que le précédent dimanche, avec les mêmes chants et les mêmes pratiques, M. le commissaire de police arriva avec une ordonnance de M. le juge d'instruction Barbou, dont il remit copie certifiée conforme à MICHEL, en présence du PÈRE. Cette ordonnance portait qu'il *serait établi dans la*

maison de notre PÈRE *un gardien qui veillerait à ce qu'aucune*
réunion publique n'eût lieu, et qui serait autorisé à requérir la
force publique au cas où y il aurait réunion de plus de vingt personnes
étrangères. Le commissaire était suivi de son secrétaire, du
brigadier de gendarmerie de Belleville et de l'homme qu'il
avait choisi pour gardien.

Michel déclara s'opposer formellement à l'exécution de
l'ordonnance, et il exprima son refus en les termes suivans,
qui ont été consignés au procès-verbal du commissaire.

« J'ai écrit hier à M. le procureur du roi une lettre où je
» lui ai dit, entre autres choses, que toute personne placée
» sous le poids d'une *prévention* se trouvait par cela seul, vis-
» à-vis des agens de l'autorité, dans la situation d'un ilote,
» et que toutes les relations que, depuis huit jours, il a eues
» avec notre PÈRE et avec nous en fournissaient la preuve écla-
» tante. L'ordonnance dont vous êtes porteur, et d'après la-
» quelle M. le juge d'instruction et M. le procureur du roi pré-
» tendraient établir dans la maison de notre PÈRE un sur-
» veillant de ses actes et des nôtres, un homme par les mains
» duquel devrait passer quiconque viendrait vers nous, cette
» ordonnance, dis-je, en fournirait une preuve nouvelle.
» Je suis fort étonné, je vous l'avoue, que ces magistrats
» n'aient pas reculé devant une violation aussi manifeste de
» ce droit de propriété qu'ils nous accusent de vouloir bou-
» leverser. Je déclare donc m'opposer formellement, au nom
» de notre PÈRE et en notre nom à tous, à l'entrée de votre
» gardien.

» C'est tout au plus si l'on en use de même en pays con-
» quis. Ce contrôle, qu'on prétend nous imposer, est non-
» seulement contraire à la liberté religieuse, l'une des pre-
» mières nécessités de l'époque actuelle, mais encore il est la
» négation de la liberté la plus simple et la plus vulgaire. Je

» le répète, nous ne saurions consentir à cette expropriation
» dissimulée.

» Nous avons dit souvent que nous livrions notre vie à tous
» comme garantie et comme exemple : nous devons prouver
» à tous que la liberté aussi est pour nous un bien précieux.
» Nous apportons au monde une religion qui consacre aussi
» bien la liberté que l'ordre, une hiérarchie qui laisse leur
» jeu aux individualités, et nous mentirions aujourd'hui à
» toutes nos prétentions de mettre fin à la lutte entre les deux
» principes qui divisent le monde (le principe d'ordre et le
» principe de liberté), en donnant égale satisfaction à l'une
» et à l'autre, si nous laissions fouler la liberté en nos per-
» sonnes.

» Vous nous connaissez assez maintenant pour qu'il soit
» inutile que je m'arrête à vous expliquer comment des
» hommes religieux, qui ont mission de faire cesser toutes
» les guerres et de conduire l'humanité dans une carrière où,
» selon la parole du prophète, les fers   lances seront con-
» vertis en socs de charrue, comment les apôtres de l'asso-
» ciation universelle, et surtout l'homme qui la leur a révélée
» dans toute son étendue, ne peuvent vous opposer qu'une
» résistance calme. C'est d'ailleurs le plus sûr moyen que
» nous ayons de faire sentir aux agens de l'autorité toute l'in-
» utilité de leur conduite violente à notre égard. Mais je vous
» annonce que, pour nous garantir de votre surveillant, nous
» recourrons à tous les moyens compatibles avec les senti-
» mens pacifiques qui sont en nous, l'inépuisable calme de
» notre père, et la dignité apostolique. »

Pendant que MICHEL parlait ainsi au commissaire dans la
chambre de FOURNEL, le chant de *l'ouverture des travaux du
temple* se fit entendre ; la famille et les hommes de Paris se
mêlaient au pied du perron de la galerie suivant le rite qui

avait été pratiqué, le dimanche précédent. Tous ensemble allaient au travail sous la direction de HOART. Le commissaire se retira vers une heure avec tous les hommes qu'il avait amenés, après avoir rédigé son procès-verbal; alors les travaux étaient en grande activité.

A quatre heures le commissaire revint avec cent hommes du 1er régiment de ligne.

BARRAULT et MICHEL étaient à la porte. Lorsque le commissaire se présenta, MICHEL lui dit à haute voix:

Monsieur le commisssaire,

« Vous avez des baïonnettes; nous n'en avons pas et nous
» n'en voulons pas avoir, car il n'y a dans la maison de notre
» PÈRE que des apôtres de la paix et du travail. Vous en-
» trerez donc, mais uniquement parce que vous avez des
« baïonnettes. »

Le commissaire est ensuite entré avec les soldats, il a trouvé le jardin rempli d'une foule d'hommes et de femmes occupés à contempler les travaux de la famille. Il les a fait sortir.

Pendant ce temps le travail continuait avec le même ordre et le même calme.

A cinq heures la famille a dîné sur le gazon avec les hommes de Paris qui travaillaient avec elle. Le dîner s'est passé comme le précédent dimanche. Le PÈRE y a pris part. Il y a invité AGLAÉ, CECILE, MARIE et plusieurs autres femmes qui partagent notre foi. Quelques soldats étaient les seuls assistans.

A six heures les travaux ont repris jusqu'à huit heures.

A huit heures HOART, directeur des travaux, a fait sonner la retraite. Les travailleurs ont repris leurs habits et ils sont rentrés dans la grande cour dans l'ordre suivant : les brouetteurs en tête, conduits par HOART, ensuite le chœur composé de membres de la famille et d'hommes de Paris sous la conduite de DAVID et de RIGÉ, enfin, le reste des membres de la famille et des hommes de Paris conduits par les trois directeurs du service. Tous ont fait une station dans la petite cour pendant que les brouetteurs replaçaient les instrumens dans le parc. Pendant cette marche la famille a chanté l'*Appel*.

Le PÈRE, à qui le commissaire est venu adresser quelques observations, lui a annoncé que désormais nos portes seraient ouvertes tous les jours dès cinq heures du matin.

Une foule considérable remplissait la rue. Les soldats paraissaient stupéfaits, ils ne concevaient pas ce qu'ils étaient venus faire.

A dix heures du soir les soldats se sont retirés. Depuis lors plusieurs d'entre eux, touchés de ce qui s'était passé sous leurs yeux, sont venus nous visiter.

Les portes ont été fermées à onze heures. M. le commissaire n'est parti qu'à cet instant, MICHEL et TALABOT s'y sont tenus jusqu'à cette heure.

Le lendemain lundi et les jours suivans la porte a été ouverte dès cinq heures du matin. Un grand nombre de personnes sont venus assister à nos travaux du matin, à nos travaux et à nos chants du soir. Tous en sortant semblaient édifiés de ce qu'ils avaient vu, et paraissaient s'interroger sur les motifs qui poussaient l'autorité à nous susciter ainsi des entraves.

Le mercredi 11, à quatre heures du soir, le commissaire de police est venu avec un détachement de gardes nationaux de Belleville, commandé par M. le docteur Comet, capitaine.

Quant il est arrivé, la porte était gardée par BRUNEAU, ancien élève de l'École Polytechnique, ex-capitaine d'état-major, qui portait sur l'habit apostolique la décoration de la légion d'honneur. Les trois directeurs du service BARRAULT, MICHEL, FOURNEL, assistés de SIMON, étaient venus s'y placer.

Au moment où le commissaire a requis la dissolution de la réunion, MICHEL lui a répété la parole avec laquelle il l'avait accueilli le 8 à quatre heures. (Voir pag. 25.

La présence des gardes nationaux n'a nullement interrompu les travaux. Ils ont assisté avec étonnement à nos manœuvres et à notre simple repas du soir, comme à un spectacle tout autre que celui qu'ils comptaient trouver. Tous étaient fort avides de voir le PÈRE. Plusieurs nous ont déclaré qu'arrivés chez nous avec des préventions hostiles, ils en partaient remplis d'admiration et de sympathie, la plupart nous ont témoigné le désir de revenir, « non avec l'habit militaire, disaient-ils, » car nous doutons que désormais on trouve à Belleville des » hommes disposés à se prêter à la violation dont vous êtes » l'objet, mais en habit bourgeois et comme des amis ». Il n'en pouvait être autrement de la part d'hommes sincèrement attachés à la cause de l'ordre et du travail.

Si pendant quelques jours les gardes nationaux de Belleville continuaient à nous visiter officiellement, nous serions tentés de remercier l'autorité qui nous met ainsi à même d'établir un lien durable entre nous et tous les chefs de famille du canton qui nous environne.

ÉVERAT, Imprimeur, rue du Cadran , n°. 16.